Copyright © 2019 Brain Trainer All rights reserved.

No part of this publication may be reproduced, distributed or transmitted in any form or by any means, including photocopying, recording, or other electronic or mechanical methods, without the prior written permission of the publisher, except in the case of brief quotations embodied in critical reviews and certain other non-commercial uses permitted by copyright law.

Trademarked names appear throughout this book. Rather than use a trademark symbol with every occurrence of a trademarked name, names are used in an editorial fashion, with no intention of infringement of the respective owner's trademark. The information in this book is distributed on an "as is" basis, without warranty. Although every precaution has been taken in the preparation of this work, neither the author nor the publisher shall have any liability to any person or entity with respect to any loss or damage caused or alleged to be caused directly or indirectly by the information contained in this book.

3

4

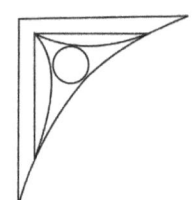

Top-Left Grid:

```
7 . 8 | 3 6 . | . 2 1
5 2 . | 7 . . | 3 4 .
9 . . | . . 2 | . . 7
------+-------+------
. 9 . | . 7 3 | . 6 .
3 7 . | 6 4 8 | . 9 .
6 . 4 | . . 9 | 7 . 3
------+-------+------
4 3 . | . . 7 | . . .
. . . | . . 6 | . 3 .
. . 5 | 1 3 . | 8 7 9
```

Top-Right Grid:

```
2 . . | . . 9 | . 8 .
. . . | 5 . 6 | . . 9
. . 9 | . 1 . | . 2 5
------+-------+------
5 2 6 | . 4 . | 1 3 .
8 . . | . 3 6 | . . 7
. . 7 | 9 8 . | . 6 5
------+-------+------
. 5 . | . 2 . | 3 4 7
. . . | . 4 . | 8 3 1
. . . | . 7 9 | 5 8 .
```

Center Grid:

```
. 7 4 | . 5 . | 2 . 3
. 8 9 | 1 . . | 4 . .
. . 6 | 5 4 . | . . .
------+-------+------
. 6 . | 2 . . | 5 7 .
. . . | . . 8 | . 2 .
. . . | 1 . 8 | . 3 9 7
------+-------+------
. 7 8 | 4 2 5 | . 1 8
. . . | . . 1 | 5 . .
. 5 4 | . 6 3 | . . .
```

Bottom-Left Grid:

```
. . . | . 7 8 | 4 2 5
. . 4 | . . . | . 1 5
. 5 4 | . 6 3 | . . .
------+-------+------
3 7 . | . 9 . | 6 . .
9 4 5 | 6 . 7 | . . .
8 2 6 | . . 5 | 7 4 9
------+-------+------
4 . . | . . . | . . .
. 3 2 | 7 . 6 | 1 9 .
1 . 8 | 5 . . | . 7 4
```

Bottom-Right Grid:

```
6 7 3 | 5 . 1 | 8 4 .
. . . | 4 9 7 | . 3 5 1
. . . | . 4 . | . . 3 7
------+-------+------
. . . | 3 4 6 | . . 5
7 5 . | . . 9 | . 3 1
3 . . | . . . | . . .
------+-------+------
. . . | . . . | 4 1 8
. . . | 6 1 2 | . 8 4 9 3
. . . | . 3 . | 9 . . 2 7
```

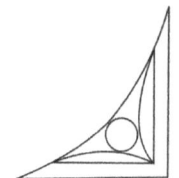

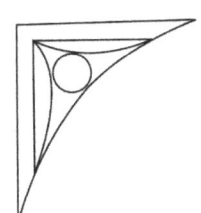

6

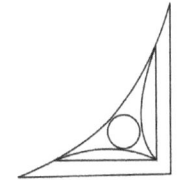

7

8

10

11

12

13

14

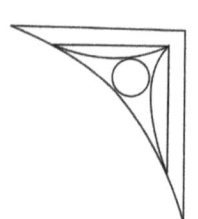
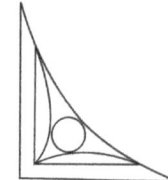

15

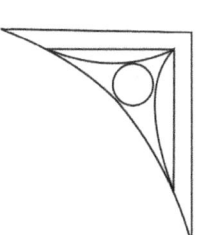

16

Grid 1 (Top Left)

	6			8		4	7	2
8	4		2	1		5	3	9
	9	5		4	7	8		
9	1	6		7	3		4	
	3			9	5			8
	5			6	2			
1			6	5	8		2	
6			9	2	4	1		7
	2				1			

Grid 2 (Top Right)

3	4		5	7	6			8
9		5					7	6
		8		9				4
7		6	8		9	2		5
4	5				2	6	8	1
1	8	2		6	5		9	7
	6	7		2		8		
8						7	4	6	2
					8		5	

Grid 3 (Center)

		9		3		5	
		1	5	6		7	
		7	6	3	4	9	

Grid 4 (Bottom Left)

4	8	7		6		3	1	
		4		2	7		8	
3	2			7	1	6		8
2	5	8	3			9		6
	7				5		8	2
		3		1				4
	3	5	8		4	1		7
7	4		1	3				5
8			7			9	3	

Grid 5 (Bottom Right)

6	4		9	2	8	3	4	1		6	
		1	6	4	5	7	8		2	1
	5	2	7			5	6		4	8
				7	4		6	3	
					3		5		9	7
		2			7	3			8
			9				8	4	7
		7			1			3	6
		5	6		3	7		

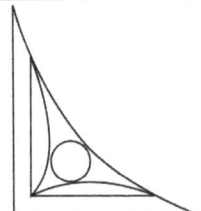

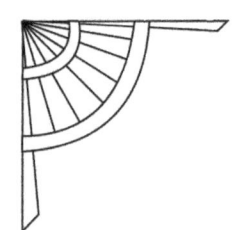

17

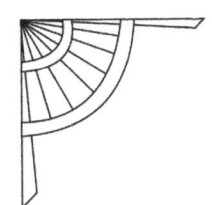

18

19

20

22

Sudoku 1 (Top-Left)

5	7	3		1	4			
		8			9		4	
9		4				1	3	
8	9	5	1		6			2
					5	9	4	
4			5	9	7			
3	4	1		7		8	6	9
		9			8		1	
2	8	7		6		4		

Sudoku 2 (Top-Right)

8			6		3	5		7
	5	3		4	8	9		
		6	1			5	3	8
		9	2		6		7	
6						2	8	5
	5	2	7			6	9	
	7			1		8		4
4	3		8	7	2			
1				6			3	

Sudoku Center

			3			8			6	4	
					6		1		3		7
				8	1	4	3		9	5	

Sudoku 3 (Bottom-Left)

6	3	1	8		5			1
	8		1	9	2		4	7
9	4	2		1	7	8	9	6	4
	1		6	2				
	5		7		9		1	
7	9		4	8			5	
4	6				7			5
	2					3	6	
3			2	5			8	1

Sudoku 4 (Bottom-Right)

7	6	4	5			3		8
			9	3	6		2	
			3	1			9	4
			6	7		9	8	
	5						4	6
4		7	6		5	9		
1	7	8		3		5		
6	9		4		1	7		
		4	5	9	8			

23

24

Top-left grid

	2	8		1		5		7
	3	1			2	9	4	6
5		9	3			1	8	2
	1	7					9	5
2		3		7	8		1	4
	4			9				
1	7	2	9	6	4		5	
					7	6	1	5
	5	6			1		2	9

Top-right grid

	3	4	1	7	8	2		
5					9	4	7	3
7	2	6	4		5			9
2		7			4	6		5
8	5				6	3	4	
	6							8
		9	8	1				4
3	4	2			7			1
1		5	9		3		6	2

Middle grid

2	4	1
5	8	9
	3	
	4	
9		
6	7	
	8	
	5	

Bottom-left grid

9	7	5			1		4	
	8		9		2		5	
	3			5		9		7
5	2	8	4		3	6		
3	4	1	2	7	6			
6		7	3		5	4	1	2
	5		6	9			2	1
			5		6			
		2	1	4	7	9	5	

Bottom-right grid

2	8		5	6	3	8	9	2	1
	6	8	9	4	2	1			
			1	3	7	6		9	5
3	4					1		8	
6							7		
	7		8			9	4	3	
9				4	2				
	5	6	3	7		4	8	9	
4	3		9	5			6		

27

28

30

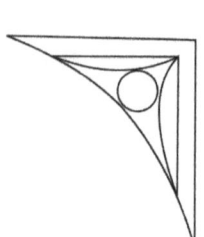
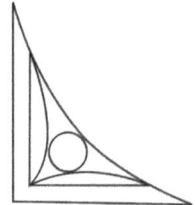

31

32

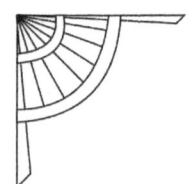

			6	8	7	3	4	
	4				9		1	8
7	8		3	1			6	2
8		6			2	4		
9		4	8	7			5	
5	3		1	4	6	2		
3	7		4					9
		8			1		7	4
4		1	7	2	8	6		3

	5					4	8	9
7	3			5	8			6
4							7	5
	2	3			6	5		4
5			9		2	1	6	
1	8	6		4	7	9		
3		5		9	8			1
6		2		1				7
	1	4	3	7		6	9	2

7	5	2			
		4		6	
3	8	2		5	
7		2	3	9	

	9		6	2	3	4	5		3	9	1	2		1	3		4		5
	6		9	4	5		1	7	5			4	3	9	5			7	
			8	1	9	3				2	7	5	8		7		4	2	6	3
				7	6								9	6			7	1	5	
		4	1	3	2	5						7	5		4			6	3	
6			5	9		7								4	6		3			8
9	8				4		7	5				9			8		6	3		
4		5		6	7	8		1				6	4			7	5		1	
	3	1		5		6	2	4								9		5	4	6

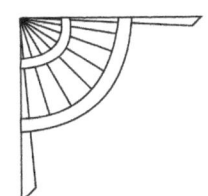

35

36

# 38

Grid 1 (Top Left)

5		7	3	1	4			
4	8		5	2	6	1		
			7		4			
9		2		5				1
7		6	1	4		9		8
		4	9		3	6		
3		9		8	7		1	
			1	5	2	9	4	1
	2	5	4	6	9		8	7

Grid 2 (Top Right)

	3	1	8		4	2	7	6
8		4	7	2			5	3
		9	5	6	3	8	4	
				4	7			1
	9	7	6			4	3	
2						9	6	
7	2	3						8
	5		9			7	6	
	1	6		7	8		2	5

Grid 3 (Center)

	7		9	5	2	8		1
				9			4	7
			4	2		8		5	6	9

(center bridging columns)

	7	9	5	2	8		1
			9			4	7
		4	2		8		5	6	9

Grid 4 (Bottom Left)

		8	4	1		6	5	7		8
9			7		4	2		3	1
	2	5	6	9			1		6
6	9	7			3	5			
		2	5	4	9		7	6	
8			3	7				2	
7	4		2	6	3	5	8		
5			1	8	7	2	4	3	
								7

Grid 5 (Bottom Right)

	4	2	5	9		7	8	6
6			8	3			5	
	8	5	1			7	3	
9	4	1	3	7	8			5
	5		6		1	8	9	3
3		8			5		1	
5	7		4		2	1		
		3		1			7	
4				8				2

39

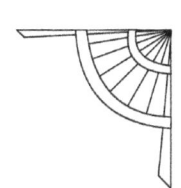

40

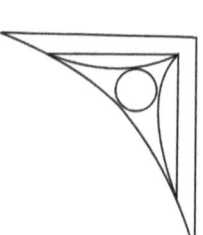

2	6	1			4	9		8				1	4		9	3	8	7		2
9			2		8		5	4				3	9	5						
5	4	8		6	7	3	1					8	7			6	5	9	1	3
	1	6		8	2	5						7			8	5	6		2	
		3		9			4					4				9			6	7
		5		4	3		8	6				6		3			4			1
	8		5	3		9			5	6		3		5		9	4	7
				2			6	5	2	3	4	9		7	6		2	1	3
	5			7	6	8	2			7					1	3		

					9				5	8	2	
									9		7	5
					5	4	2	3		7		6

8	7	1	4		2		9	4		7	1	8	9				3
			1	5	6	8		1	2	3	5		4	1	8		6
	4		9		3					6	4	2	7	5		1	9
3	1				8		6			2	9		3		5	7	6
7	6	2		3		1					1		4	6			9
9	8	4			6	3	7	2		5			1		9		4
1		9	3			5	6	7			2	7	5				
			9	1			8				8				7	3	1
4	5				1	9	3					6		2	4		7

44

46

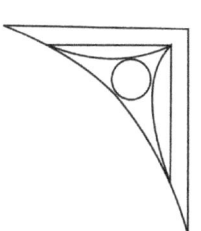
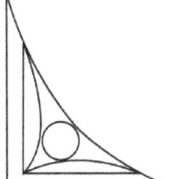

48

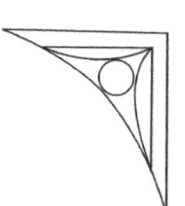
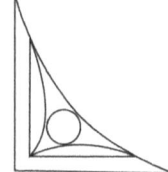

49

8	2					7						5	2		7	3		8	9	1
7		1			6		3	9					3		5	6	9		2	
		3	1	8				5						7	8	1			6	3
4		5	8	7	1		6	3				4	8	2			7	1		
		2				9	8						7	5		2				
				6	2	1						6		9	3		5			7
		7		2						6		2	5		1		6			
6	3	4	7	9	8	5			9	4	3			8				4		
	8	9	5	1		3	7	6	2		8	1	9	4		7		3		
									7	2	4		8	5						
						2	6	4			5			7						
							8			1			2							
8				6	2		4		6	8	2				2	9			4	8
9				3	4		5		4			8		2	4	1			6	
	5		7	1					5	7	1	9			3		8		1	
7	9	3			8	4	1	2				7			6	5				
5	2	8		9			3	6					1		9			6	7	
6			2	7	3	5		8					5	9	8	4	7			1
	4		3		6	1							8			3				6
				2				4				3	9		1	6				
3	8	7		4	5							1	6	5	7		9	4	2	3

Top-left grid

	8	3		2	6	4	7	
4	3				7	8		
7	6		8	4				
9		1	7		2	6		
				9	6	4		
	8				5	1	9	3
		2		5	8	1		4
	2	4	9			3		
	1	6	5		9	2	4	

Top-right grid

				8				1
8				9		4		2
1			6	3	2	5	7	8
9		5		7	6		1	4
2	6			4			5	
			7	8				6
			5	1		7	4	
	2		8	4	1	9	7	6	3
	7	8			4	1	

Center grid

			3			7	2	
			1	4		6	8	9
						5	9	4

Bottom-left grid

5			1	4		7		5
		3	8		6		9	8
	4		7	3		8		
6		4			7			
2		1			4	5		
3	7	8	6			1	4	9
4			5	6		9	2	
		9				3	5	6
	6		2	9	3	7		4

Bottom-right grid

	8	4	5		6		3	
7			2	9	4		6	
		6	8	1	3	7		
4		8	6			2		
			9					5
5		9			7	6		
8	6	2		4			7	
3	4	1	7		9	5	2	
			5	1	6			8

54

Top-left grid

9	5	4	3		2	8		
	7	8	9		4	3	2	5
	2	1	8	5			4	9
		5		9				
8	3		1			2	6	4
					6	5		8
7	1			2		8	3	2	5
		2			3		1		4		7
4	9	3		8	1		5		6		3

Top-right grid

	7			4	6			
9		6			3	4	8	5
		4		5	2	6		
2		7			4	9	6	8
	9	3	7			2		4
8		5	2	6		3		7
	6	9			8	5		
3		2		1		8		6
4			9	5		3	2	

Center vertical

		8	2	1			5		
		5	6	4	9		1	2	
			9			5	6	4	

Bottom-left grid

1		7	2	8	3	6	4	
			6			7	8	5	4
8			7	9	1			8	1
9				2	7	5	8	6
	7			1			2	
			9	3	8	7		
	8	4	1	5	9		6	2
6		5				4	9	
		9	1	3	4	6	8	

Bottom-right grid

7		2	8	1		4	2			9
				6	9		5		4
	8	1		7	4	3		2	
6				9		8	4	3
4							9
1	9			4	3			
3	6	2	7	1	9	4	5	8
5	4		6	3				2
	8	9	2			3	1	6

55

56

57

Puzzle 58

Top-left grid:
.	5	3	7	2	8	6	.	.
.	2	7	1	.	6	9	3	.
.	6	1	9	.	4	.	.	2
5	3	.	.	9	7	.	.	4
.	.	6	.	8	.	.	7	3
.	.	.	5	6	.	8	.	.
3	.	5	.	.	.	7	.	.
.	.	.	7	.	4	1	.	.
1	.	2	8	4	.	9	.	.

Top-right grid:
.	.	2	.	.	.	.	4	.
.	.	.	.	3	.	.	1	2
.	1	.	4	2	8	.	.	3
.	9	.	.	5	.	1	8	4
.	.	.	4	3	9	.	6	5
.	.	.	1	7	.	3	2	9
1	4	3	.	.	.	2	.	8
6	8	9	2	.	.	5	7	1
.	.	5	.	.	9	.	.	6

Center grid:
.	.	7	4	.	8	.	.	.
.	.	.	.	7	3	4	9	2
.	.	9	.	3	.	.	7	5	4
(center overlaps — shared rows)

Bottom-left grid:
.	5	.	.	.	9	.	.	.
1	2	6	5	8	.	7	3	.
9	.	.	1	3	5	.	8	2
.	8	.	.	5	.	.	4	.
.	4	3	9	2	6	8	.	.
5	9	2	1	.	.	.	.	6
.	.	7	6	3	2	4	9	5
.	.	.	.	5	.	.	.	7
4	.	.	.	7	2	.	.	.

Bottom-right grid:
.	3	5	.	6	1	9	.	.
5	6	2	4	9	1	.	3	8
4	.	.	8	7	.	5	.	6
6	.	8	.	3	.	.	7	.
3	.	.	.	.	.	2	.	5
.	5	.	.	4	7	3	8	.
1	8	.	3	.	.	.	.	7
.	4	.	.	.	9	.	5	.
.	.	.	7	8	.	6	.	.

58

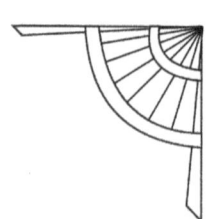

59

60

61

62

63

66

67

Grid 1 (top-left)

	9					7	2	5
3	6		2		1			
	2		8	9	7	6		
9		6	5			2		7
				1	2		6	
2		3	6					
	8	4	1		5	3	9	
6	5	9	7		3		1	2
	3					7		

Grid 2 (top-right)

3	5		7	8		9		
7	6	8		5	1		2	
4	1		3		2			7
		3						9
1		4	6				8	
		8		5			1	2
	4		2	9			3	
9		3			5	2	6	
8				7			9	4

Middle bridge

			2	8	7		4	
			6			9		3
			1			8		
7		8		3		6		9
		3		1		4	8	7
	1	6					5	2

Grid 3 (bottom-left)

9		5			3			
3			9			2		
8				6		3		
1		9	6	2	5		4	
5			3	4	7		9	
			8		2	5	6	
6	3	1		8	9		2	
	5	8	7		4		3	
7				3	2		8	

Grid 4 (bottom-right)

		1	2		7		3	
8	5	9	7		8		9	
	2	4	1		5		7	2
				1	6		4	
		9		9	3	5	7	8
			6		9	8	4	1
			9	5	7	1	8	2	4
			8	4			7	1	5	3
					1			8	9

68

69

70

71

Top-left grid

		7	6		1	3	5	
	6	3	4	9				7
2		4	3	7				9
5	9	8			4	7	3	
4		6	9	8	3	5		1
			5		7	9		
8				9	1	6	3	
			5	6		9	2	
6			1		8		5	3

Top-right grid

	8				6			5
		3	4		9		6	
4	6	2	8		5		1	
1	4			9		3		8
7	2	8			5	1		6
		3	9			8	4		5	
	7		9		3	5		1
3			2	4	7	6	8	9
2						8	7	

Middle bridge

			4	1	7	9	5	6	3
				6				7	
			1	4	5	6	9	2	

Bottom-left grid

2		8	1	9		5	4	
	4			2	5	6	1	8
6			4		8		2	
4	8	9	6			1		
					9	4	8	
5	1	3					6	2
3	6			8		7		1
1	7	4	2	5				
	9			6		2	3	4

Bottom-middle

9	3		
2		5	
7		8	1

Bottom-right grid

		4	5	7	9	3	1
	9	1		6		8	
1		8	3	9	2		6
	4	9		3		6	
8	9		6	1			5
	1	6		4	8	7	9
9			6			8	1
2						4	5
4		1		5	6	2	9

Solutions

1

2

3

4

Solutions

Solutions

9

10

11

12

Solutions

13

14

15

16

Solutions

17

18

19

20

Solutions

21

22

23

24

Solutions

25

26

27

28

Solutions

Solutions

33

34

35

36

Solutions

37

38

39

40

Solutions

41

42

43

44

Solutions

45

46

47

48

Solutions

49

50

51

52

Solutions

53

54

55

56

Solutions

57

```
1 3 2 | 7 9 5 | 8 4 6        4 6 1 | 9 3 5 | 8 2 7
5 6 9 | 1 4 8 | 3 7 2        7 9 3 | 2 6 8 | 1 4 5
8 4 7 | 3 6 2 | 9 5 1        5 2 8 | 4 1 7 | 9 3 6
------+-------+------        ------+-------+------
4 5 8 | 6 7 1 | 2 9 3        8 5 2 | 3 7 9 | 6 1 4
6 7 3 | 9 2 4 | 1 8 5        3 4 6 | 5 2 1 | 7 8 9
9 2 1 | 5 8 3 | 7 6 4        1 7 9 | 8 4 6 | 2 5 3
------+-------+------        ------+-------+------
3 1 4 | 8 5 9 | 6 2 7   4 8 1   9 3 5 | 7 8 2 | 4 6 1
2 9 6 | 4 1 7 | 5 3 8   7 9 6   2 1 4 | 6 9 3 | 5 7 8
7 8 5 | 2 3 6 | 4 1 9   3 5 2   6 8 7 | 1 5 4 | 3 9 2
                        1 4 2 | 8 6 7 | 3 5 9
                        8 5 3 | 1 4 9 | 7 2 6
                        7 9 6 | 5 2 3 | 1 4 8
6 9 7 | 4 5 3 | 2 8 1   6 7 4   5 9 3 | 4 7 6 | 8 1 2
1 2 4 | 9 7 8 | 3 6 5   9 1 8   4 7 2 | 8 1 3 | 6 9 5
3 8 5 | 2 1 6 | 9 7 4   2 3 5   8 6 1 | 2 5 9 | 7 4 3
------+-------+------        ------+-------+------
5 7 3 | 6 4 9 | 8 1 2        1 2 5 | 6 9 8 | 4 3 7
8 4 9 | 1 3 2 | 7 5 6        9 3 7 | 1 4 5 | 2 6 8
2 6 1 | 5 8 7 | 4 3 9        6 8 4 | 3 2 7 | 9 5 1
------+-------+------        ------+-------+------
7 5 2 | 3 6 4 | 1 9 8        3 4 9 | 7 8 1 | 5 2 6
4 3 6 | 8 9 1 | 5 2 7        2 1 8 | 5 6 4 | 3 7 9
9 1 8 | 7 2 5 | 6 4 3        7 5 6 | 9 3 2 | 1 8 4
```

58

```
9 5 3 | 7 2 8 | 6 4 1        9 3 2 | 1 6 5 | 8 4 7
4 2 7 | 1 5 6 | 9 3 8        4 5 8 | 9 3 7 | 6 1 2
8 6 1 | 9 3 4 | 7 5 2        7 1 6 | 4 2 8 | 9 5 3
------+-------+------        ------+-------+------
5 3 8 | 2 9 7 | 1 6 4        3 9 7 | 6 5 2 | 1 8 4
2 9 6 | 4 8 1 | 5 7 3        8 2 4 | 3 9 1 | 7 6 5
7 1 4 | 5 6 3 | 2 8 9        5 6 1 | 7 8 4 | 3 2 9
------+-------+------        ------+-------+------
3 4 5 | 6 1 9 | 8 2 7   6 5 9   1 4 3 | 5 7 6 | 2 9 8
6 8 9 | 3 7 2 | 4 1 5   3 2 7   6 8 9 | 2 4 3 | 5 7 1
1 7 2 | 8 4 5 | 3 9 6   8 4 1   2 7 5 | 8 1 9 | 4 3 6
                        2 7 4 | 9 8 5 | 3 1 6
                        6 5 1 | 7 3 4 | 9 2 8
                        9 8 3 | 1 6 2 | 7 5 4
3 5 8 | 7 6 9 | 1 4 2   5 9 6   8 3 7 | 5 2 6 | 1 9 4
1 2 6 | 5 8 4 | 7 3 9   4 1 8   5 6 2 | 4 9 1 | 7 3 8
9 7 4 | 2 1 3 | 5 6 8   2 7 3   4 9 1 | 8 7 3 | 5 2 6
------+-------+------        ------+-------+------
6 8 1 | 3 7 5 | 9 2 4        6 1 8 | 2 3 5 | 4 7 9
7 4 3 | 9 2 6 | 8 5 1        3 7 4 | 9 1 8 | 2 6 5
5 9 2 | 1 4 8 | 3 7 6        2 5 9 | 6 4 7 | 3 8 1
------+-------+------        ------+-------+------
8 1 7 | 6 3 2 | 4 9 5        1 8 6 | 3 5 2 | 9 4 7
2 3 9 | 4 5 1 | 6 8 7        7 4 3 | 1 6 9 | 8 5 2
4 6 5 | 8 9 7 | 2 1 3        9 2 5 | 7 8 4 | 6 1 3
```

59

```
8 5 2 | 6 4 3 | 9 7 1        6 9 1 | 8 3 5 | 4 7 2
3 4 1 | 8 9 7 | 2 5 6        4 8 2 | 7 6 9 | 5 3 1
6 7 9 | 1 2 5 | 8 4 3        5 3 7 | 1 2 4 | 8 9 6
------+-------+------        ------+-------+------
7 3 4 | 9 5 1 | 6 8 2        1 6 5 | 3 9 2 | 7 4 8
5 1 6 | 2 7 8 | 4 3 9        8 4 9 | 6 7 1 | 2 5 3
2 9 8 | 3 6 4 | 5 1 7        7 2 3 | 5 4 8 | 6 1 9
------+-------+------        ------+-------+------
4 6 5 | 7 3 2 | 1 9 8   7 6 2   3 5 4 | 2 1 6 | 9 8 7
1 2 7 | 4 8 9 | 3 6 5   1 9 4   2 7 8 | 9 5 3 | 1 6 4
9 8 3 | 5 1 6 | 7 2 4   8 5 3   9 1 6 | 4 8 7 | 3 2 5
                        2 7 1 | 3 4 5 | 6 8 9
                        6 4 9 | 2 8 1 | 5 3 7
                        8 5 3 | 6 7 9 | 4 2 1
7 2 9 | 8 3 4 | 5 1 6   4 2 8   7 9 3 | 5 2 1 | 6 4 8
3 1 6 | 9 7 5 | 4 8 2   9 3 7   1 6 5 | 8 4 9 | 3 7 2
8 5 4 | 1 6 2 | 9 3 7   5 1 6   8 4 2 | 6 3 7 | 5 9 1
------+-------+------        ------+-------+------
4 7 5 | 2 8 9 | 3 6 1        4 3 1 | 9 7 6 | 2 8 5
9 6 2 | 3 5 1 | 7 4 8        5 8 6 | 2 1 4 | 7 3 9
1 8 3 | 7 4 6 | 2 5 9        2 7 9 | 3 5 8 | 4 1 6
------+-------+------        ------+-------+------
6 3 1 | 4 9 7 | 8 2 5        9 2 8 | 1 6 3 | 5 7 4
2 9 8 | 5 1 3 | 6 7 4        6 1 4 | 7 9 5 | 8 2 3
5 4 7 | 6 2 8 | 1 9 3        3 5 7 | 1 8 2 | 9 6 4
```

60

```
3 9 2 | 4 8 1 | 6 5 7        9 7 8 | 5 3 1 | 4 6 2
7 6 4 | 5 2 3 | 8 9 1        3 6 2 | 9 4 7 | 8 5 1
5 8 1 | 9 7 6 | 3 2 4        1 5 4 | 6 2 8 | 3 9 7
------+-------+------        ------+-------+------
1 7 9 | 8 3 4 | 5 6 2        8 9 7 | 4 1 6 | 2 3 5
6 4 3 | 7 5 2 | 1 8 9        5 2 1 | 3 7 9 | 6 8 4
8 2 5 | 1 6 9 | 4 7 3        6 4 3 | 2 8 5 | 1 7 9
------+-------+------        ------+-------+------
4 5 6 | 3 9 7 | 2 1 8   7 5 6   4 3 9 | 7 6 2 | 5 1 8
2 3 7 | 6 1 8 | 9 4 5   1 3 2   7 8 6 | 1 5 4 | 9 2 3
9 1 8 | 2 4 5 | 7 3 6   9 4 8   2 1 5 | 8 9 3 | 7 4 6
                        4 2 7 | 3 8 5 | 9 6 1
                        5 6 9 | 4 7 1 | 3 2 8
                        3 8 1 | 2 6 9 | 5 4 7
9 4 3 | 1 6 5 | 8 7 2   5 1 3   6 9 4 | 1 2 3 | 8 7 5
1 5 7 | 3 2 8 | 6 9 4   8 2 7   1 5 3 | 8 7 9 | 4 6 2
2 8 6 | 7 9 4 | 1 5 3   6 9 4   8 7 2 | 6 4 5 | 3 9 1
------+-------+------        ------+-------+------
6 3 9 | 4 5 1 | 7 2 8        3 2 8 | 4 6 7 | 1 5 9
5 2 4 | 8 7 6 | 9 3 1        5 1 7 | 9 3 8 | 2 4 6
7 1 8 | 2 3 9 | 4 6 5        4 6 9 | 5 1 2 | 7 8 3
------+-------+------        ------+-------+------
3 6 1 | 5 4 7 | 2 8 9        2 3 5 | 7 9 4 | 6 1 8
8 7 2 | 9 1 3 | 5 4 6        7 8 1 | 2 5 6 | 9 3 4
4 9 5 | 6 8 2 | 3 1 7        9 4 6 | 3 8 1 | 5 2 7
```

Solutions

61

62

63

64

Solutions

65

66

67

68

Solutions

69

70

71

72

Solutions

73

Top-left grid
6	8	5	2	4	3	1	7	9
1	4	3	7	5	9	2	8	6
7	2	9	6	8	1	5	3	4
8	3	6	9	1	4	7	5	2
9	1	4	5	2	7	8	6	3
2	5	7	8	3	6	9	4	1
4	7	1	3	9	8	6	2	5
3	6	2	1	7	5	4	9	8
5	9	8	4	6	2	3	1	7

Top-right grid
6	8	9	1	5	2	4	3	7
5	1	4	3	8	7	2	9	6
3	2	7	6	9	4	5	8	1
1	5	6	4	7	8	9	2	3
2	9	3	5	1	6	7	4	8
4	7	8	9	2	3	1	6	5
9	3	1	2	6	5	8	7	4
7	6	5	8	4	9	3	1	2
8	4	2	7	3	1	6	5	9

Middle bridge
4	7	8
2	1	3
5	6	9
9	6	3	1	8	2	5	7	4
2	7	4	3	5	6	1	8	9
5	8	1	9	4	7	6	2	3

Bottom-left grid
3	6	7	1	9	4	8	5	2
5	9	4	7	8	2	1	3	6
1	8	2	6	5	3	7	4	9
6	1	8	3	4	7	2	9	5
7	4	5	9	2	8	6	1	3
2	3	9	5	1	6	4	7	8
8	2	1	4	3	9	5	6	7
9	5	6	2	7	1	3	8	4
4	7	3	8	6	5	9	2	1

Bottom-right grid
4	9	6	8	7	2	5	1	3
2	5	7	3	1	6	4	8	9
3	1	8	4	9	5	6	7	2
8	7	9	5	3	1	2	4	6
1	4	5	6	2	8	3	9	7
6	2	3	7	4	9	8	5	1
5	6	1	2	8	7	9	3	4
7	8	4	9	6	3	1	2	5
9	3	2	1	5	4	7	6	8

74

Top-left grid
9	8	7	6	2	1	3	5	4
1	6	3	4	9	5	2	8	7
2	5	4	3	7	8	6	1	9
5	9	8	2	1	4	7	3	6
4	7	6	9	8	3	5	2	1
3	1	2	5	6	7	9	4	8
8	2	5	7	4	9	1	6	3
7	3	1	8	5	6	4	9	2
6	4	9	1	3	2	8	7	5

Top-right grid
9	8	7	1	3	6	2	4	5
5	1	3	4	2	9	8	6	7
4	6	2	8	7	5	9	1	3
1	4	5	6	9	2	3	7	8
7	2	8	3	5	1	4	9	6
6	3	9	7	8	4	1	5	2
8	7	4	9	6	3	5	2	1
3	5	1	2	4	7	6	8	9
2	9	6	5	1	8	7	3	4

Middle bridge
5	9	2
2	8	4	1	7	9	5	6	3
9	5	6	8	2	3	4	1	7
7	3	1	4	5	6	9	2	8

Bottom-left grid
2	3	8	1	9	6	5	4	7
9	4	7	3	2	5	6	1	8
6	5	1	4	7	8	3	2	9
4	8	9	6	3	2	1	7	5
7	2	6	5	1	9	4	8	3
5	1	3	8	4	7	9	6	2
3	6	2	9	8	4	7	5	1
1	7	4	2	5	3	8	9	6
8	9	5	7	6	1	2	3	4

Bottom-right grid
6	8	2	4	5	7	9	3	1
7	3	9	1	2	6	5	8	4
1	4	5	8	3	9	2	7	6
5	2	4	9	7	3	1	6	8
8	9	7	6	1	2	3	4	5
3	1	6	5	4	8	7	9	2
9	5	3	2	6	4	8	1	7
2	6	8	7	9	1	4	5	3
4	7	1	3	8	5	6	2	9

75

Top-left grid
9	4	1	6	3	8	5	7	2
6	3	7	5	2	9	8	4	1
5	2	8	7	1	4	6	9	3
8	1	9	3	4	5	2	6	7
3	7	6	2	8	1	9	5	4
4	5	2	9	7	6	1	3	8
2	8	5	4	6	7	3	1	9
1	9	4	8	5	3	7	2	6
7	6	3	1	9	2	4	8	5

Top-right grid
1	4	7	5	8	3	2	6	9
3	9	6	2	4	7	5	1	8
8	5	2	1	6	9	3	7	4
9	8	1	7	3	5	4	2	6
6	3	4	8	1	2	9	5	7
7	2	5	4	9	6	8	3	1
5	7	8	9	2	1	6	4	3
4	1	3	6	5	8	7	9	2
2	6	9	3	7	4	1	8	5

Middle bridge
6	2	4
8	5	9
3	1	7
9	6	3	7	4	2	8	5	1
5	7	1	9	8	6	3	4	2
2	4	8	5	3	1	7	9	6

Bottom-left grid
6	8	4	2	9	3	1	5	7
5	3	2	6	1	7	8	9	4
1	7	9	4	8	5	6	3	2
4	5	3	8	6	9	7	2	1
9	1	8	7	5	2	3	4	6
7	2	6	3	4	1	9	8	5
8	6	7	9	2	4	5	1	3
3	4	1	5	7	8	2	6	9
2	9	5	1	3	6	4	7	8

Bottom-right grid
2	6	8	9	3	4	7	5	1
1	7	3	6	2	5	1	8	4	9	7	3

9	3	4	7	5	6	2	8	1
6	2	5	1	8	4	9	7	3
1	8	7	3	9	2	4	6	5
2	7	1	6	4	8	3	5	9
3	5	9	2	1	7	6	4	8
8	4	6	9	3	5	1	2	7
5	9	8	4	6	1	7	3	2
7	6	3	8	2	9	5	1	4
4	1	2	5	7	3	8	9	6

We hope you loved the puzzles. If you did, would you consider posting an online review?

⭐⭐⭐⭐⭐

This helps us to continue providing great products, and helps potential buyers to make confident decisions.

For more puzzles, find our similar titles

www.ingramcontent.com/pod-product-compliance
Lightning Source LLC
Chambersburg PA
CBHW081338080526
44588CB00017B/2668